Windows 10

Datenschutzfibel

Wolfram Gieseke

Windows 10 Datenschutzfibel

Alle Privacy-Einstellungen
von Windows 10 finden,
verstehen und richtig einstellen

3. überarbeitete und aktualisierte Neuauflage

Dieses Werk einschließlich aller Inhalte ist urheberrechtlich geschützt. Alle Rechte vorbehalten, auch die der Übersetzung, der fotomechanischen Wiedergabe und der Speicherung in elektronischen Medien.

Bei der Erstellung von Texten und Abbildungen wurde mit größter Sorgfalt vorgegangen. Trotzdem sind Fehler nicht völlig auszuschließen. Verlag, Herausgeber und Autoren können für fehlerhafte Angaben und deren Folgen weder eine juristische Verantwortung noch irgendeine Haftung übernehmen. Für Anregungen und Hinweise auf Fehler sind Verlag und Autor aber dankbar.

Die Informationen in diesem Werk werden ohne Rücksicht auf einen eventuellen Patentschutz veröffentlicht. Warennamen werden ohne Gewährleistung der freien Verwendbarkeit benutzt. Nahezu alle Hard- und Softwarebezeichnungen sowie weitere Namen und sonstige Angaben, die in diesem Buch wiedergegeben werden, sind als eingetragene Marken geschützt. Da es nicht möglich ist, in allen Fällen zeitnah zu ermitteln, ob ein Markenschutz besteht, wird das ®-Symbol in diesem Buch nicht verwendet.

Die Deutsche Nationalbibliothek verzeichnet diese Publikation in der Deutschen Nationalbibliografie; detaillierte bibliografische Daten unter http://dnb.dnb.de

© 2016 Wolfram Gieseke

Herstellung und Verlag: BoD – Books on Demand, Norderstedt

ISBN: 978-3-7412-9517-1

Vorwort

Spätestens seit Markteinführung von Windows 10 geriet das Thema Datenschutz in den Fokus der Öffentlichkeit. Schon bei den Vorgängern war der Trend, das Betriebssystem immer stärker mit Onlineressourcen in der „Cloud" zu vernetzen deutlich sichtbar. Ebenso eine Zunahme von Funktionen, die allgemein gerne mit dem Begriff „nach Hause telefonieren" umschrieben werden.

Windows 10 treibt diese Entwicklung auf die – vorläufige? – Spitze und enthält eine Vielzahl solcher Funktionen. Erschwerend kommt hinzu, dass sich zwar fast alle diese Funktionen über eigene Einstellungen durch den Anwender beeinflussen lassen. Aber Microsoft hat diese Optionen wenig benutzerfreundlich wie mit einer Gießkanne quer durch die Systemdialoge verstreut. Einen globalen „Aus"-Schalter sucht man vergebens, ebenso wie einen roten Faden oder einen Assistenten, der einen durch alle Schritte begleitet.

In diesem Buch möchte ich diese Aufgabe übernehmen und Sie zu den Windows-Einstellungen führen, die für Datenschutz und Privatsphäre (oder neudeutsch „Privacy") wichtig sind. Ich zeige Ihnen, wo Sie diese Optionen finden, was sie bedeuten und welche Einstellungen empfehlenswert sind – soweit eine allgemeine Empfehlung sinnvoll ist.

Denn bei allem berechtigten Interesse an einem verschwiegenen, vertrauenswürdigen Windows sollte man sich auch klar machen: Nicht jede Datenübermittlung an Microsoft ist grundsätzlich falsch oder überflüssig. Einige Funktionen lassen sich dadurch besser oder überhaupt erst sinnvoll nutzen. Und auch das möchte ich mit diesem Ratgeber erreichen: Sie in die Lage zu versetzen, in diesen Fragen eine informierte und Ihren individuellen Bedürfnissen entsprechende Entscheidung zu treffen.

Diese 3. überarbeitete und aktualisierte Neuauflage berücksichtigt Neuerungen durch das Anniversary-Update vom August 2016, mit dem Microsoft den Datenschutz wieder etwas schwieriger gemacht hat. So ist Cortana nun standardmäßig aktiviert. Wer Suchen auf den lokalen PC beschränken will, muss nun Umwege durch Gruppenrichtlinien oder die Registry in Kauf nehmen, die in dieser Auflage selbstverständlich beschrieben sind.

Wolfram Gieseke

Inhaltsverzeichnis

Microsoft-Konto oder lokale Anmeldung 9

Microsoft-Konto vs. lokale Anmeldung 9
Bei der Installation ein lokales Konto verwenden 11
Weitere lokale Konten anlegen 13
Microsoft-Konten auf lokale Anmeldung umstellen 15
Microsoft-Konto nur in einzelnen Apps 16
Was bei Microsoft-Konten synchronisiert wird 19
Windows Insider-Programm 21

Datenschutz-Einstellungen in Windows 10 25

Allgemeine Datenschutzoptionen 26
Standortbezogene System- und App-Einstellungen 30
Hardwarebezogene Datenschutzeinstellungen 34
Zugriffe auf persönliche Daten begrenzen 39
Systemdiagnose und Benutzerfeedback begrenzen 46
Datenschutzlücken in der Oberfläche schließen 52
Datenschutz bei WLAN-Verbindungen 54
Datenschutzoptionen im Edge-Browser 57
Mit Edge ganz vertraulich und sicher surfen 65
Datenschützers Alptraum: Cortana 67

Datenschutzeinstellungen per Programm steuern 71

Tools für Datenschutzeinstellungen: Vor- und
Nachteile 71
O&O ShutUp10 installieren 73
Wichtig: Systemwiederherstellungspunkt anlegen 73
Einzelne Einstellungen individuell vornehmen 75
Windows automatisch auf Datenschutz trimmen 77
Werksreset - Zurück auf Anfang 79

Zum Schluss... 81

Stichwortverzeichnis 82

Microsoft-Konto oder lokale Anmeldung

Eine ganz grundlegende Entscheidung mit großen Auswirkungen auf den Datenschutz ist die Frage, wie Sie sich bei Ihrem Windows anmelden. Standardmäßig wünscht sich Windows 10 eine Verbindung zu einem Microsoft-Konto. Das beginnt schon bei der Installation, wo üblicherweise das meistgenutzte Benutzerkonto eingerichtet wird. Hier tut Windows so, als ob es nur eine Anmeldung per Microsoft-Konto gäbe. Die Alternative – nämlich das Anmelden mit einem lokalen Konto ohne jegliche Verbindung zu irgendwelchen Onlinediensten – ist gut versteckt und nur über Umwege möglich.

Microsoft-Konto vs. lokale Anmeldung

Ein Microsoft-Konto können Sie bei einem der verschiedenen von Microsoft betriebenen aktuellen oder ehemaligen Onlinedienste wie outlook.com, live.com. hotmail.com usw. haben. Die Namen und die zugrundeliegenden Webdienste unterscheiden sich, aber letztlich läuft es immer auf dasselbe hinaus. Eine solche Anmeldung mit einem Microsoft-Konto hat durchaus Vorteile, unter anderem:

▸ Das Konto wird automatisch in allen installierten Microsoft-Apps verwendet, also beispielsweise im Store, für Mail, Kalender, Musik usw. Verwenden

Sie beispielsweise die E-Mail-Adresse dieses Kontos, können Sie nach der Anmeldung direkt auf neue Nachrichten zugreifen. Haben Sie schon mal Musik mit diesem Konto gekauft, steht Ihnen diese automatisch zur Verfügung usw.

- Eine recht praktische Funktion ist das Synchronisieren des Kontos, auch Roaming genannt. Wenn Sie dasselbe Konto auf mehreren PCs verwenden, werden die Einstellungen zwischen diesen PCs automatisch abgeglichen. Beispiel: Sie wählen auf dem einen PC ein neues Hintergrundbild aus und beim nächsten Anmelden am anderen PC zeigt dieser dasselbe Hintergrundbild an. Das gilt für viele andere Einstellungen ebenso, etwa eingerichtete WLAN-Zugänge, den Browserverlauf oder die Leseliste mit vorgemerkten Webartikeln.

- Über die Sprachassistentin Cortana lassen sich Informationen über Gerätegrenzen hinweg nutzen. So können Sie sich gefundene Informationen wie etwa Routen direkt auf Ihr Smartphone senden lassen. Allerdings werden eben auch alle Eingaben in Cortana nicht lokal, sondern auf Microsoft-Servern analysiert. So landen alle Ihre Suchen und sonstigen Cortana-bezogenen Eingaben bei Microsoft, auch wenn Sie eigentlich nur lokal in Ihren eigenen Dokumenten suchen wollten.

Der Nachteil eines Microsoft-Kontos in Bezug auf Datenschutz liegt auf der Hand. Durch dieses Konto lassen sich alle Daten, die von Windows übermittelt werden einer ganz bestimmten Person zuordnen.

Außerdem sind mit einem Microsoft-Konto ganz konkrete persönliche Angaben verbunden, etwa wenn Sie mit diesem Konto schon einmal eingekauft haben, Zahlungsinformationen für den Windows Store hinterlegt haben usw.

Wer auf die Funktionen eines Microsoft-Kontos verzichten kann bzw. bereit ist, kleine Einschränkungen hinzunehmen, kann Windows genauso gut mit einem lokalen Konto benutzen. Funktionelle Einschränkungen (über das hier beschriebene hinaus) gibt es dadurch nicht. Dadurch bringt man zwar nicht automatische alle „Schnüffelfunktionen" von Windows zum Schweigen, aber man sorgt zumindest dafür, dass diese Funktionen nur noch anonyme Daten an Microsoft liefern. Auch diese Anonymität ist relativ, da der Softwarehersteller immer noch alle Daten von einem bestimmten Gerät einander zuordnen kann. Aber diese Zuordnung bezieht sich dann eben erstmal nur auf ein Gerät und nicht auf eine Person und deren Aktivitäten ggf. an mehreren Geräten.

Schon bei der Installation ein lokales Konto verwenden

Das erste Benutzerkonto wird direkt bei der Installation angelegt. Dabei bemüht sich der Assistent, Sie zu einem Microsoft-Konto zu verlocken. Eine Alternative scheint es auf den ersten Blick nicht zu geben. Dabei ist nur ein kleiner Umweg nötig:

Microsoft-Konto oder lokale Anmeldung

1. Wenn der Assistent Sie nach der Adresse Ihres Microsoft-Kontos fragt, klicken Sie unten auf *Diesen Schritt überspringen*.

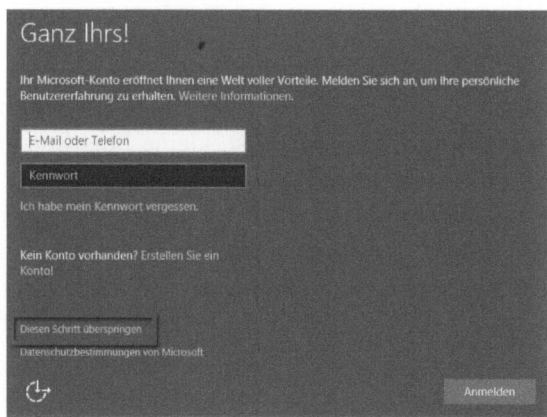

2. So gelangen Sie im nächsten Schritt zu einem Dialog, in dem Sie einen Namen für Ihr Benutzerkonto angeben können. Außerdem tippen Sie hier das Kennwort (zweimal) und einen persönlichen Hinweis auf dieses Kennwort ein.

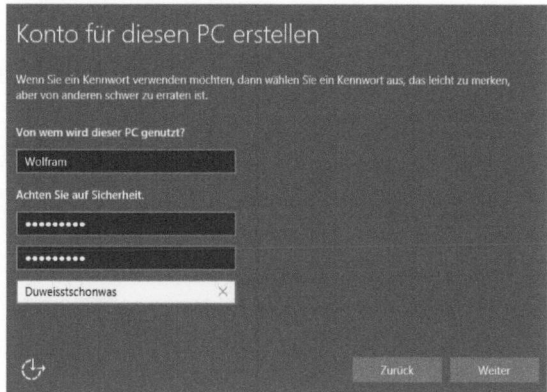

3. Anschließend geht es mit dem Setupvorgang ganz normal weiter.

Weitere lokale Konten anlegen

Auch beim Anlegen weitere Benutzerkonten etwa für Familienmitglieder führt Windows Sie zielsicher zu einem Microsoft-Konto. Wozu man sagen sollte, dass es durchaus Vorteile haben kann, etwa für Kinder Microsoft-Konten anzulegen. Nur so lassen sich für diese Konten spezielle Funktionen etwa zum Kinder- und Jugendschutz nutzen. Wer aber auf Datenschutz Wert legt, den wird das wohl nicht überzeugen, insbesondere weil sich solche Schutzfunktionen auch auf anderen Wegen, etwa durch Zusatzsoftware realisieren lassen.

1. Öffnen Sie die Windows-Einstellungen (nicht die Systemsteuerung!) und wechseln Sie dort in die Kategorie *Konten* und dann in die Untergruppe *Familie und weitere Kontakte*.

2. Nun wäre es intuitiver, ein *Familienmitglied hinzufügen* zu lassen. Das würde ich aber nicht tun. Denn dies geht nur über das Anlegen eines weiteren Microsoft-Kontos. Wählen Sie besser unter *Andere Personen* die Funktion *Diesem PC eine andere Person hinzufügen*.

Microsoft-Konto oder lokale Anmeldung

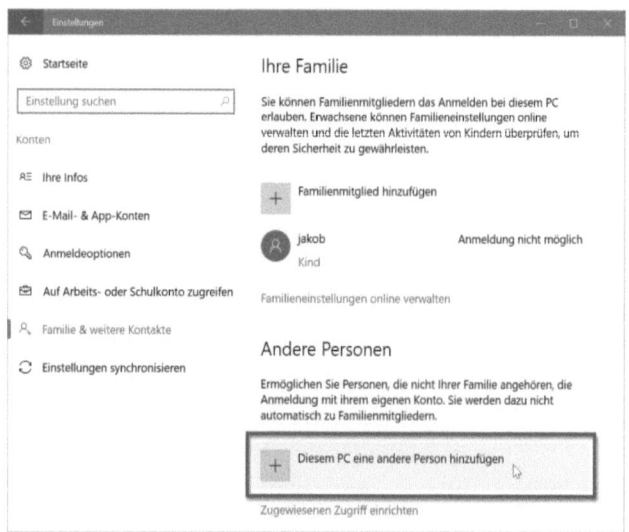

3. Um ein lokales Benutzerkonto anzulegen, wählen Sie dann erst unten *Ich kenne die Anmeldedaten dieser Person nicht* und im nächsten Schritt *Benutzer ohne Microsoft-Konto hinzufügen*.

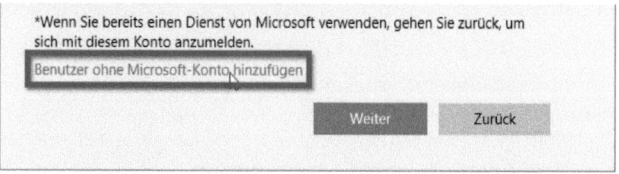

4. Anschließend geben Sie wie gewohnt Name, Kennwort und Kennworthinweis für den neuen Benutzer an. Tippen Sie dann unten auf *Weiter*. Anschließend gelangen Sie zurück in die Kontenübersicht, in der das neue Benutzerkonto schon direkt aufgeführt wird.

Ein Microsoft-Konto auf lokale Anmeldung umstellen

Nun nützen Anleitungen, wie Sie ein lokales Konto für die Windows-Anmeldung einrichten, zugegebenermaßen nicht viel, wenn Sie sich bereits von Windows zu einem Microsoft-Konto haben verleiten lassen. Das ist aber auch kein großes Problem. Erfreulicherweise erlaubt Windows es, diese Entscheidung rückgängig zu machen und die Anmeldung auf lokale Zugangsdaten umzustellen.

Ihre Dateien und Einstellungen werden dadurch nicht beeinträchtigt. Lediglich Apps, die bislang von der zentralen Anmeldung profitiert haben, funktionieren nun ggf. nicht mehr, was ja aber vielleicht sogar gewollt ist. In den einzelnen Apps, die Sie nutzen möchten, können Sie das Microsoft-Konto anschließend wieder nur für die jeweilige App aktivieren.

1. Öffnen Sie die Einstellungen Ihres Windows-PCs und rufen Sie dort die Kategorie *Konnten/Ihre Infos* auf.

2. Hier finden Sie rechts Ihr eigenes Microsoft-Konto. Klicken Sie darunter auf den Link *Stattdessen mit einem lokalen Konto anmelden*.

Microsoft-Konto oder lokale Anmeldung

3. Geben Sie anschließend das Kennwort Ihres Microsoft-Kontos zur Authentifizierung ein.

4. Nun können Sie wiederum ein lokales Konto mit Benutzername, Kennwort und Kennworthinweis erstellen.

5. Klicken Sie dann auf *Weiter* und anschließend auf *Abmelden und fertig stellen* (wenn alle eventuell geöffneten Dokumente gespeichert sind).

Windows meldet Sie dann ab. Anschließend können Sie sich mit dem lokalen Konto anmelden.

Microsoft-Konto nur in einzelnen Apps

Wenn Sie Ihre Windows-Anmeldung auf ein lokales Konto umgestellt haben, werden Sie ggf. feststellen, dass einige Apps nicht mehr ohne weiteres funktionieren. Das gilt für alle Apps, die ebenfalls mit diesem Konto verbunden sind, etwa die Store-App, Mail, Kalender, Musik, OneDrive usw. Das ist kein großes

Microsoft-Konto nur in einzelnen Apps

Problem. Wenn Sie diese Apps weiterhin nutzen möchten, können Sie bei jeder App einzeln das zuvor zentral konfigurierte Microsoft-Konto wieder einstellen.

1. Wenn eine App auf ein Microsoft-Konto angewiesen ist, meldet sie sich üblicherweise automatisch. Ent- 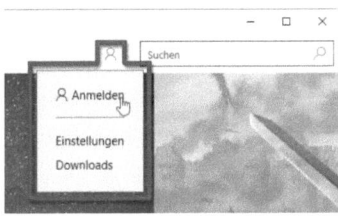 weder direkt beim Start oder spätestens, wenn Sie eine Funktion aufrufen, die sich nur mit Onlineanmeldung nutzen lässt. Alternativ können Sie diesen Vorgang auch jederzeit anstoßen, beispielsweise bei der Store-App, indem Sie oben links neben dem Suchfeld auf das Benutzer-Symbol klicken und im Menü *Anmelden* wählen.

Microsoft-Konto oder lokale Anmeldung

2. Tippen Sie Adresse und das Kennwort Ihres Microsoft-Kontos ein und klicken Sie auf *Anmelden*.

3. Wichtig ist der nächste Schritt, wo nach dem aktuellen Windows-Kennwort gefragt wird. Wenn Sie hier wie verlangt Ihr Windows-Kennwort (oder auch die PIN) eingeben, stellen Sie die Windows-Anmeldung komplett von einem lokalen Benutzerkonto auf ein das angegebene Microsoft-Konto um! Wenn Sie dies nicht wollen, klicken Sie stattdessen unterhalb des Kennwortfeldes auf den Link *Stattdessen nur bei dieser App anmelden*. Dann wird das Konto nur mit dieser App verknüpft und für Windows insgesamt bleibt es bei der lokalen Benutzeranmeldung.

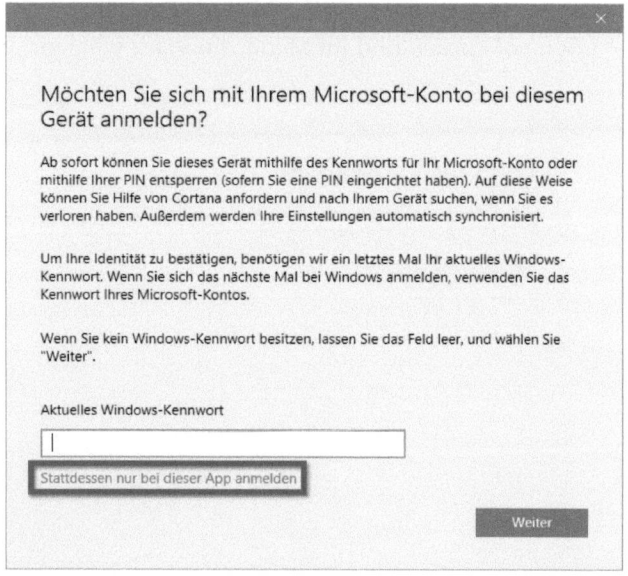

Diese Anmeldung muss pro App nur einmal vorgenommen werden und wird dann gespeichert, bis Sie sich bewusst wieder abmelden. Sie gilt aber eben auch nur für diese eine App und nicht für alle oder gar für Windows insgesamt. Dabei gibt es allerdings Ausnahme wie die Mail- und Kalender-Apps. Wenn Sie eine dieser beiden Apps mit einem Microsoft-Konto verbinden, gilt diese automatisch auch für die andere App. Sie können aber in diesem Fall bei Bedarf die andere App zumindest so konfigurieren, dass sie dieses Konto nicht synchronisiert.

Kontrollieren, was bei einem Microsoft-Konto synchronisiert wird

Das Verwenden eines Microsoft-Kontos und Datenschutz bzw. Privatsphäre schließen sich nicht aus. Sie können ein Microsoft-Konto verwenden und trotzdem viele der in diesem Ratgeber beschriebenen Option deaktivieren bzw. im Sinne von Datenschutz und Privatsphäre einstellen. Es ist also keineswegs so, dass Sie bei Verwenden eines Microsoft-Kontos Windows ohnehin schutzlos ausgeliefert wären oder dass das Verwenden eines lokalen Kontos weitere Einstellung überflüssig machen würde. Aber mit einem Microsoft-Konto sind eine Reihe von Synchronisierungseinstellungen verbunden, die sich auf die bereits beschriebene Roaming-Funktion beziehen.

Bei diesem Roaming werden Daten zwischen verschiedenen Geräten ausgetauscht, bei denen Sie sich mit demselben Microsoft-Konto anmelden. Dieser

Austausch erfolgt aber per Zwischenspeicherung auf Microsoft-Servern, denn sonst wäre das Synchronisieren ja immer nur möglich, wenn beide Geräte zur gleichen Zeit eingeschaltet und online sind. Alle synchronisierten Daten fließen also auf Microsoft-Server ab. Und auch wenn Sie das Microsoft-Konto nur auf einem einzigen PC benutzen, also gar keine Notwendigkeit für das Synchronisieren besteht, sollten Sie davon ausgehen, dass Microsoft solche Daten auf seine Server zieht. Denn Sie könnten ja jederzeit ein weiteres Gerät in Betrieb nehmen und dann sollen die Daten sofort zur Verfügung stehen.

Wollen Sie also bei Verwendung eines Microsoft-Kontos das Transferieren von Synchronisierungsdaten auf Microsoft-Server verhindern, können Sie das nur aktiv durch Festlegen der dazugehörenden Optionen erreichen.

1. Öffnen Sie dazu in den Einstellungen Ihres PCs die Kategorie *Konten/ Einstellungen synchronisieren*.

2. Hier können Sie die Roaming-Funktion mit dem obersten Schalter *Synchronisierungseinstellungen* pauschal ein- oder ausschalten. Wollen Sie gar nichts synchronisieren, gehört dieser also auf *Aus*.

3. Alternativ können Sie Roaming prinzipiell zulassen, aber mit den Optionen darunter steuern, was genau synchronisiert werden soll. So können Sie etwa „harmlose" Dinge wie Ihr Desktop-Design abgleichen lassen, aber sensiblere Daten wie Kennwörter und Webbrowsereinstellungen, die

beispielsweise auch den Browserverlauf umfassen, deaktivieren.

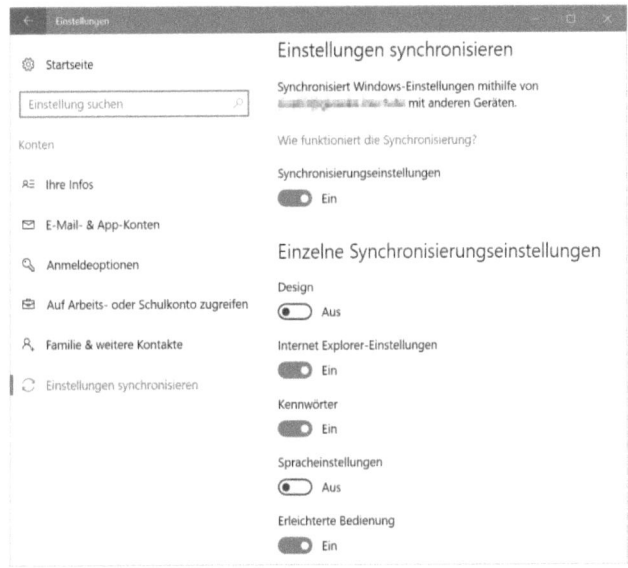

Windows Insider-Programm

Sehr viel beigetragen zum schlechten Ruf von Windows 10 in Bezug auf Datenschutz hat das Windows Insider-Programm, durch das jeder Interessierte schon früh Vorabversionen aus der aktuellen Weiterentwicklung von Windows beziehen kann, um diese zu testen, sich zu informieren oder eben neue Funktionen schon frühzeitig nutzen zu können. Die Teilnahme am Insider-Programm kostet kein Geld, aber sie ist nicht umsonst. Wer mitmachen möchte, bezahlt mit Daten, denn in den Insider-Previews erhebt Microsoft eine Vielzahl von Informationen bis hin zum Inhalt eingetippter Texte. Diese werden an Server des Softwarekonzerns übermittelt und dienen der Überwachung und statistischen Auswertung des Insider-Programms, aber auch dem Nachstellen konkrete Fehlersituationen. Wer am Insider-Programm teilnehmen möchte, der muss dieser Übermittlung in den Teilnahmebedingungen zustimmen. Und längst nicht alle diese Telemetrie-Funktionen lassen sich abschalten.

Sehr deutlich wird dies in den Einstellungen bei *Datenschutz/ Feedback und Diagnose*: Beim regulären Windows kann man hier mit der Einstellungen *Diagnose und Nutzungsdaten* steuern, wieviel Daten der eigene PC preisgeben darf. Zwar lässt sich selbst mit der niedrigsten Option *Einfach* nicht jegliche Telemetrie unterbinden, aber sie wird auf grundlegende Angaben wie Versionsnummern von installierten Programmen und Treibern beschränkt. Nimmt man hingegen am Insider-Programm teil, steht diese Einstellung automatisch auf *Vollständig* und lässt sich auch nicht verändern. Wer Insider sein will, muss also die digitalen Hosen zwangsläufig ganz runter lassen. Das bedeutet im Extremfall, dass Microsoft-Mitarbeiter sich ohne Kenntnis des Anwenders per Remoteverbindung auf den PC „aufschalten", das System analysieren und sogar betroffene Dokumente einsehen dürfen.

Auch sonst gibt es klare Unterschiede zwischen dem Insider-Programm und den regulären Windows-

Versionen und -Updates, etwa bei Lizenzbedingungen, wo Microsoft sich beim regulären Windows deutlicher weniger Freiheiten herausnimmt.

Das Fazit daraus kann also nur lauten: Wer sich um seine Privatsphäre und den Schutz seiner Daten sorgt, der sollte um das Insider-Programm von Windows einen großen Bogen machen und jeweils auf das Aktualisieren der regulären Windows-Versionen warten. Das heißt allerdings nicht, dass in diesen keinerlei Telemetriefunktionen eingebaut wäre, aber dazu mehr im nachfolgenden Kapitel.

Microsoft-Konto oder lokale Anmeldung

Datenschutz-Einstellungen in Windows 10

Was Windows 10 in Bezug auf Datenschutz so problematisch macht, ist weniger, dass sich seine Geschwätzigkeit nicht eindämmen ließe. Es ist vielmehr, dass die dafür zuständigen Einstellungen auf eine Vielzahl von Optionen verteilt sind. Und die finden sich nicht zentral an einem Ort, sondern an verschiedenen Stellen in den Windows-Einstellungen, aber auch in einzelnen Anwendungen. In diesem Kapitel mache ich den Versuch, alle relevanten Funktionen zusammenzustellen, verständlich zu beschreiben und – sofern sinnvoll – auch meine Empfehlung dafür zu geben. Damit der Überblick nicht verloren geht, sind die Beschreibungen nach einem einheitlichen Schema aufgebaut:

[Name der Einstellung]

[Anwendung bzw. App und dort die Stelle, an der die Einstellung zu finden ist]

[Erklärung der Einstellung sowie ggf. der wählbaren Optionen
...]

[Standardeinstellung „ab Werk"]

[Empfehlung]

Steht bei Empfehlung *Keine*, so bedeutet dies in der Regel, dass das Deaktivieren einer Einstellung zugleich auch die zugrundeliegende Funktion abschaltet. In solchen Fällen ist es einfach eine Ermessensfrage, ob Ihnen diese Funktion wichtig genug ist, um dafür Ihre Daten mit Microsoft zu teilen.

Allgemeine Datenschutzoptionen in den Einstellungen

Die Kategorie *Datenschutz* in den Einstellungen von Windows 10 macht nur einen Teil der datenschutzrelevanten Optionen aus. Trotzdem ist es sinnvoll, die Reise in die Tiefen der Windows-Einstellungen an dieser Stelle mit einem paar grundlegenden Einstellungen in der Rubrik *Allgemein* zu beginnen.

Apps die Verwendung der Werbungs-ID für App-übergreifende Erlebnisse erlauben (bei Deaktivierung wird Ihre ID zurückgesetzt)

Einstellungen: *Datenschutz/ Allgemein*

Eine Werbungs-ID ermöglicht es, Anzeigen in Apps auf Ihre persönlichen Interessen zuzuschneiden. Manche empfinden das sogar als Vorteil, andere nicht. In jedem Fall kann diese Option ohne nennenswerte Nachteile ausgeschaltet werden.

Standard: *Ein*

Empfehlung: *Aus*

SmartScreen-Filter einschalten, um von Windows Store-Apps verwendete Webinhalte (URLs) zu überprüfen

Einstellungen: *Datenschutz/ Allgemein*

Ist diese Option eingeschaltet, wird jede Webadresse, die innerhalb einer App besucht wird, durch Microsoft mit einer Liste vermutlich bösartiger Seiten abgeglichen und ggf. blockiert. Dabei kommt derselbe SmartScreen-Filter wie beim Edge-Browser zum Einsatz. Allerdings kann er hier unabhängig davon gesteuert werden. Aus Sicherheitsgründen halte ich diese Einstellung für sinnvoll. Wer eine alternative Sicherheitslösung einsetzt oder auf diesen Schutz bewusst verzichten möchte, kann sie deaktivieren.

Standard: *Ein*

Empfehlung: *Ein*

Informationen zu meinem Schreibverhalten an Microsoft senden, um die Eingabe- und Schreibfunktionen in Zukunft zu verbessern.

Einstellungen: *Datenschutz/ Allgemein*

Hiermit erfasst Microsoft Erkenntnisse beim Tippen auf der virtuellen Tastatur sowie beim Verwenden der Handschrifterkennung einschließlich des automatischen Vervollständigens von Wörtern (wenn Sie beispielsweise bei einer Zeichenkombination eine bestimmte Vervollständigung wählen, wird diese in Zukunft bei derselben Zeichenkombination als erste Wahl angeboten). Wenn man die virtuelle Tastatur und/ Handschrifterkennung regelmäßig nutzt, lernen diese Funktionen dadurch hinzu und passen sich dem Benutzer an. Deshalb kann es durchaus sinnvoll sein, die Option eingeschaltet zu lassen. Wer diese Funktionen nie oder nur selten nutzt, kann getrost darauf verzichten.

Standard: *Ein*

Empfehlung: *Aus*

Der Schalter für Informationen zum Schreibverhalten ist grau?

Wenn Sie diesen Schalter nicht umstellen können, ist das kein Grund zur Sorge. Er ist dann ohnehin deaktiviert. Das hängt mit der gewählten Einstellung für *Diagnose und Nutzungsdaten* (siehe dort) zusammen. Nur wenn dort mindestens die Stufe *Verbessert* gewählt ist, werden überhaupt Daten zum Schreibverhalten erfasst und übermittelt.

Websites den Zugriff auf die eigene Sprachliste gestatten, um die Anzeige lokal relevanter Inhalte zu ermöglichen

Einstellungen: *Datenschutz/ Allgemein*

Wenn eine Website weiß, welche Sprache ein Besucher bevorzugt, kann sie ihre Seiten ggf. automatisch

Allgemeine Datenschutzoptionen in den Einstellungen

in der passenden Sprache präsentieren. Ist diese Option eingeschaltet, darf jede Webseite Informationen über Ihre bevorzugte(n) Sprache(n) abrufen und auswerten. In der Praxis wird dies selten umgesetzt und wirklich notwendig ist es auch nicht, da man in der Regel auch manuell die gewünschte Sprachversion auswählen kann. Insofern kann man diese Information guten Gewissens schützen.

Standard: *Ein*

Empfehlung: *Aus*

Apps auf anderen Geräten das Öffnen von Apps gestatten und auf der Oberfläche dieses Geräts weiterarbeiten

und

Apps auf anderen Geräten das Öffnen von Apps über Bluetooth gestatten und auf der Oberfläche dieses Geräts weiterarbeiten

Einstellungen: *Datenschutz/ Allgemein*

Diese beiden Einstellungen beziehen sich auf eine neue Funktion in Windows 10, die den fließenden Wechsel zwischen verschiedenen Geräten ermöglicht. Wenn Sie beispielsweise ein Dokument am PC bearbeiten und dann zu Ihrem Tablet oder Smartphone wechseln, bietet Windows Ihnen an, die Arbeit mit dem am PC noch geöffneten Dokument an diesem

Gerät direkt fortzusetzen. Diese Übergabe kann per WLAN, Cloud oder Bluetooth erfolgen. Das hört sich erstmal praktisch an, kann aber problematisch werden, wenn man seine Geräte mit anderen Benutzern teilt. Dann bekommen die plötzlich das Angebot, an Ihrem Dokument zu arbeiten und dabei dessen Inhalt einzusehen. Solange Sie diese Funktion von Windows nicht nutzen, sollten Sie diese beiden Optionen deshalb ausschalten.

Standard: **Ein**

Empfehlung: **Aus**

Standortbezogene System- und App-Einstellungen

Windows kann aus verschiedenen Quellen Informationen über den aktuellen Standort Ihres PCs beziehen. Selbst wenn kein GPS-Empfänger verbaut ist, können Informationen über verfügbaren WLANs (teilweise recht genau) oder Daten der Interneteinwahl und verwendeten IP-Adresse (eher ungenau) eine Ortsbestimmung ermöglichen. Diese Angaben werden für ortsbezogene Dienste verwendet, aber auch zur Auswertung an Microsoft oder die Entwickler einzelner Apps übermittelt. Die relevanten Einstellungen hierzu finden Sie in den Einstellungen in der Rubrik *Datenschutz/ Position*.

Standortbezogene System- und App-Einstellungen

Position

Einstellungen: *Datenschutz/ Position*

Die *Position*-Einstellung bezieht sich auf das ganze Gerät und steuert, ob die Benutzer die Standorterkennung jeweils für sich aktivieren dürfen. Schalten Sie diese Einstellung aus, wird die Standorterkennung für alle Benutzer deaktiviert und lässt sich nur durch Benutzer mit Administratorrechten wieder einschalten.

Standard: *Ein*

Empfehlung: Keine

Positionsdienst

Einstellungen: *Datenschutz/ Position*

Die *Positionsdienst*-Einstellung bezieht sich jeweils auf das eigene Benutzerkonto. Sie lässt sich nur steuern, wenn die obere Position eingeschaltet ist. Dann können Sie nach Belieben festlegen, ob System und Apps Ihren Standort erfahren dürfen oder nicht.

Standard: *Ein*

Empfehlung: Keine

Ungefährer Standort

Einstellungen: *Datenschutz/ Position*

Wenn die exakte Positionsermittlung etwa per GPS nicht erlaubt (oder möglich) ist, bleibt immer noch die Möglichkeit, den ungefähren Standort beispielsweise anhand des Interneteinwahlknotens zu ermitteln. Diese Variante ist ungenauer und von begrenztem Nutzen, aber datenschutz-bezogen genau deshalb auch weniger bedenklich.

Standard: **Ein**

Empfehlung: Keine

Positionsverlauf

Einstellungen: *Datenschutz/ Position*

Im Positionsverlauf bewahrt Windows ermittelte Standortdaten ca. 24 Stunden lang auf. Apps können so nicht nur erfahren, wo Sie sich gerade aufhalten, sondern auch, wo Sie in der Zeit zuvor gewesen sind. Diese Funktion lässt sich nicht pauschal deaktivieren. Aber Sie können den Verlauf jederzeit *Löschen*. Ebenso wird er gelöscht, wenn der Rechner neu gestartet wird. Außerdem können Sie einzelnen Apps den Zugriff auf den Standortverlauf entziehen.

Standard: -

Empfehlung: **Löschen**

Apps auswählen, die Ihre Position verwenden dürfen.

Einstellungen: *Datenschutz/ Position*

Unter dieser Überschrift finden Sie eine Liste aller Apps, die auf diesem Rechner bislang Standortinformationen angefordert haben. Apps, die darüber hinaus Zugriff auf die Standorte der letzten 24 Stunden haben wollen, sind mit der Anmerkung *Verwendet den Positionsverlauf* gekennzeichnet. Sie können für jede App festlegen, ob diese auch weiterhin auf Standortdaten zugreifen darf. Leider lässt sich der Zugriff auf den Positionsverlauf nicht separat steuern. Sie können solche Apps also nur komplett von Positionsinformationen abschneiden.

Standard: *Ein*

Empfehlung: nur bei gewünschten Apps *Ein*

Geofence

Einstellungen: *Datenschutz/ Position*

Beim Geofence legt man bestimmte örtliche Bereiche fest, beispielsweise den Umkreis Ihres Hauses, Ihrer Arbeitsstelle, Ihres Supermarkts, Baumarkts usw. Apps können darauf reagieren, wenn Sie ein dermaßen gekennzeichnetes Gebiet betreten oder verlassen. So können Sie sich beispielsweise von Cortana beim Betreten des Supermarkt-Bereichs daran erinnern lassen, Milch zu kaufen. Auch Apps im Bereich der

Heimautomatisierung machen von Geofence Gebrauch, etwa um automatisch festzustellen, wann Bewohner das Haus verlassen bzw. heimkehren. Wenn Sie eine App mit Geofence-Funktionen verwenden, merken Sie das in der Regel, da Sie diese Bereiche selbst definieren müssen. Ansonsten können Sie in dieser Liste sehen, welche Apps Gebrauch von Geofence-Funktionen machen.

Standard: -

Empfehlung: Keine

Hardwarebezogene Datenschutzeinstellungen

Ein weiterer datenschutz-relevanter Bereich ist der Zugriff auf Hardwarekomponenten wie Kamera, Mikrofon oder auch Kommunikationstechnik wie NFC. Diese sind auf verschiedene Untergruppen in der Rubrik *Datenschutz* der Einstellungen verteilt. Hinweis: Zum Thema WLAN folgt ein eigener Abschnitt.

Apps die Verwendung meiner Kamera erlauben

Einstellungen: *Datenschutz/ Kamera*

Diese Einstellung legt fest, ob Apps die Kamera(s) Ihres PCs verwenden dürfen. Social-Media-Apps können häufig aus der App heraus Bilder aufnehmen

Hardwarebezogene Datenschutzeinstellungen

und mit anderen teilen. Auch Apps zur Bildbearbeitung verfügen oftmals über eine eigene Aufnahmefunktion. Dies birgt immer die Gefahr, dass Apps ganz eigenständig Aufnahmen machen, ohne dass Sie dies bemerken. Falls Sie die Kamera Ihres Geräts nicht nutzen möchten, sollten Sie diese Einstellung abschalten. Sonst ist es besser, die Funktion aktiv zu lassen und zu kontrollieren, welchen Apps Sie Zugriff erlauben möchten.

Standard: *Ein*

Empfehlung: *Ein*

Apps auswählen, die Ihre Kamera verwenden können

Einstellungen: *Datenschutz/ Kamera*

Hier finden Sie eine Liste der installierten Apps, die Zugriff auf die Kamera haben möchten. Für jede App können Sie diesen Zugriff ein- oder ausschalten. Nur eine App taucht hier nicht auf, nämlich die Kamera-App von Windows selbst. Sie darf immer auf die Kamera zugreifen, solange der Zugriff grundsätzlich mit der oberen Einstellung erlaubt ist.

Standard: *Ein*

Empfehlung: nur bei gewünschten Apps *Ein*

Apps die Verwendung meines Mikrofons erlauben

Einstellungen: *Datenschutz/ Mikrofon*

Diese Einstellung legt fest, ob Apps das in Ihrem PC verbaute Mikrofon verwenden dürfen oder nicht. Die Bedeutung entspricht dem Prinzip der Kamera-Einstellungen, also hier global der Zugriff auf das Mikrofon, darunter die einzelnen Apps, die darauf zugreifen möchten.

Standard: *Ein*

Empfehlung: Keine

Apps auswählen, die Ihr Mikrofon verwenden können

Einstellungen: *Datenschutz/ Mikrofon*

Hier finden Sie eine Liste der installierten Apps, die Zugriff auf das Mikrofon haben möchten. Für jede App können Sie diesen Zugriff ein- oder ausschalten.

Standard: *Ein*

Empfehlung: nur bei gewünschten Apps *Ein*

Hardwarebezogene Datenschutzeinstellungen

Funksteuerung durch Apps zulassen

Einstellungen: *Datenschutz/ Funkempfang*

Neben WLAN können Geräte weitere Drahtlostechnologien verwenden, die keine ausdrückliche Anmeldung erfordern, beispielsweise Bluetooth oder Near Field Communication (NFC). Wenn Sie diese Technologie nicht einsetzen, sollten Sie diese Funktion grundsätzlich deaktivieren.

Standard: *Ein*

Empfehlung: *Aus*

Mit Geräten synchronisieren

Einstellungen: *Datenschutz/ Weitere Geräte*

Neben WLAN und Bluetooth können Geräte weitere Drahtlostechnologien verwenden, die keine ausdrückliche Anmeldung erfordern, beispielsweise Near Field Communication (NFC). Wenn Sie diese Technologie nicht einsetzen, sollten Sie diese Funktion grundsätzlich deaktivieren.

Standard: *Ein*

Empfehlung: *Aus*

Apps auswählen, die sich mit Geräten synchronisieren dürfen

Einstellungen: *Datenschutz/ Weitere Geräte*

Hinter diesem Link verbirgt sich eine Liste aller installierten Apps, die Drahtlostechniken wie NFC verwenden möchten. So können Sie den Einsatz dieser Technologie auf solche Apps begrenzen, bei denen Sie dies ausdrücklich wünschen.

Standard: ***Ein***

Empfehlung: nur bei gewünschten Apps *Ein*

Vertrauenswürdige Geräte verwenden

Einstellungen: *Datenschutz/ Weitere Geräte*

Eine weitere Möglichkeit ist die Liste der vertrauenswürdigen Geräte. Hier werden alle entsprechenden Geräte, zu denen schon mal eine Verbindung bestand, aufgeführt. Ggf. werden außerdem die Dienste aufgelistet, die das jeweilige Gerät bereitstellt. So können Sie genau steuern, welche Funktionen bei welchem Gerät erlaubt sind. Dies muss allerdings regelmäßig kontrolliert werden, da die Standardeinstellung für neue Geräte und deren Dienste immer *Ein* ist.

Standard: ***Ein***

Empfehlung: ***Aus***

Zugriffe auf persönliche Daten begrenzen

Besonders wichtig ist, wer (bzw. welche Apps) Zugriff auf persönlichen Informationen wie Kontakte, Nachrichten, Termine aber auch Ihre Kontoinformationen haben soll. Hier gibt es ja aus der Vergangenheit bekannte Fälle, wo etwa Facebook direkt nach der Anmeldung erstmal alle gespeicherte Kontakte der Benutzer ausgelesen und deren Bekannte dann auch gleich registriert hat. Es ist also wichtig, darauf zu achten, welche Rechte man welchen Apps zugesteht.

Apps den Zugriff auf meinen Namen, mein Bild und andere Kontoinfos erlauben

Einstellungen: *Datenschutz/ Kontoinformationen*

Wenn Sie diese Funktion einschalten, können Apps von Ihrem Microsoft-Konto - sofern Sie eines verwenden und nicht nur lokal angemeldet sind - beispielsweise Ihren Namen, Ihr Benutzerbild und andere Daten wie etwa Ihr Alter abrufen.

Standard: ***Ein***

Empfehlung: ***Aus***

Apps auswählen, die Zugriff auf die Kontoinformationen haben

Einstellungen: *Datenschutz/ Kontoinformationen*

Hier werden die installierten Apps aufgeführt, die Zugriff auf Ihre Kontodaten haben möchten. Für jede dieser Apps können Sie festlegen, ob Sie dies erlauben möchten oder nicht.

Standard: *Ein*

Empfehlung: nur bei gewünschten Apps *Ein*

Apps den Zugriff auf meine Kontakte erlauben

Einstellungen: *Datenschutz/ Kontakte*

Wenn Sie diese Funktion einschalten, können Apps Zugriff auf die Daten Ihrer Kontaktpartner anfordern. Wenn Sie die Windows-eigene Kontaktverwaltung nicht nutzen, ist diese Einstellung belanglos. Ansonsten ist es sinnvoller, die Funktion aktiv zu lassen und stattdessen zu steuern, welchen Apps Sie Zugriff auf Ihre Kontaktedaten erlauben möchten.

Standard: *Ein*

Empfehlung: *Ein*

Zugriffe auf persönliche Daten begrenzen

Apps mit Zugriff auf Kontakte auswählen

Einstellungen: *Datenschutz/ Kontakte*

Der Zugriff auf Kontakte lässt sich nicht pauschal deaktivieren. Hier bleibt nur die Liste der installierten Apps, die auf Kontaktdaten zugreifen möchten. Darin können Sie jeder App einzeln den Zugriff verweigern.

Standard: *Ein*

Empfehlung: nur bei gewünschten Apps *Ein*

Apps den Zugriff auf meinen Kalender erlauben

Einstellungen: *Datenschutz/ Kalender*

Wenn Sie diese Funktion einschalten, können Apps Zugriff auf Ihre Termine und Aufgaben anfordern. Wenn Sie den Windows-eigenen Kalender nicht nutzen, ist diese Einstellung belanglos. Ansonsten ist es sinnvoller, die Funktion aktiv zu lassen und stattdessen zu steuern, welchen Apps Sie Zugriff auf Ihre Termine erlauben möchten.

Standard: *Ein*

Empfehlung: *Ein*

Apps mit Kalenderzugriff auswählen

Einstellungen: *Datenschutz/ Kalender*

Hier werden die installierten Apps aufgeführt, die Zugriff auf Ihre Termine haben möchten. Für jede dieser Apps können Sie festlegen, ob Sie dies erlauben möchten oder nicht.

Standard: *Ein*

Empfehlung: nur bei gewünschten Apps *Ein*

Apps den Zugriff auf meine Anrufliste erlauben

Einstellungen: *Datenschutz/ Anrufliste*

Mit dieser Funktion können Apps Zugriff auf die Liste Ihre durchgeführten und erhaltenen Anrufe erlangen. Wenn Sie mit Ihrem PC ohnehin nicht telefonieren (auch nicht Skypen), ist diese Einstellung belanglos. Ansonsten ist es sinnvoller, die Funktion zu deaktivieren, da die zum Telefonieren verwendeten Apps meist eine eigene Historie führen. Nur wenn Sie zum Telefonieren mehrere Apps im Wechseln nutzen, kann es sinnvoll sein, dies zu erlauben. Dann sollten Sie es aber mit den nachfolgenden Einstellungen auf die verwendeten Apps beschränken.

Standard: **Ein**

Empfehlung: **Aus**

Apps auswählen, die Zugriff auf die Anrufliste haben

Einstellungen: *Datenschutz/ Anrufliste*

Hier werden die installierten Apps aufgeführt, die Zugriff auf Ihre Anrufliste haben möchten. Für jede dieser Apps können Sie festlegen, ob Sie dies erlauben möchten oder nicht.

Standard: *Ein*

Empfehlung: nur bei gewünschten Apps Ein

Apps den Zugriff und das Senden von Mails erlauben

Einstellungen: *Datenschutz/ E-Mail*

Ist diese Funktion eingeschalten, dürfen Apps auf Ihre E-Mail Zugriff nehmen und auch selbst E-Mails versenden. Wenn Sie anstelle der Windows-eigene Mail-App eine alternative E-Mail-Anwendung nutzen, ist diese Einstellung belanglos. Dann können Sie sie eingeschaltet lassen, damit zumindest andere Apps bei Bedarf Mails versenden können. Sie können dann immer noch steuern, welchen Apps Sie das genau zugestehen möchten.

Standard: *Ein*

Empfehlung: *Ein*

Apps auswählen, die die Berechtigung für den Zugriff und das Senden von E-Mails haben

Einstellungen: *Datenschutz/ E-Mail*

Hier werden alle installierten Apps aufgeführt, die Zugriff auf Mails haben bzw. selbst E-Mails versenden möchten. Für jede dieser Apps können Sie festlegen, ob Sie das erlauben möchten oder nicht.

Standard: *Ein*

Empfehlung: nur bei gewünschten Apps Ein

Apps das Lesen oder Senden von Nachrichten (SMS oder MMS) erlauben

Einstellungen: *Datenschutz/ Messaging*

Unter Messaging versteht Windows 10 das Lesen und Senden von SMS oder MMS. Deshalb ist diese Funktion nur bei Geräten relevant, die über die entsprechende Hardware (GSM-Modul und SIM-Karte) verfügen. In dem Fall können Sie den Zugriff von Apps auf diese Funktionen hier pauschal blockieren. Das empfiehlt sich in jedem Fall, wenn Ihr Rechner dazu zwar in der Lage ist, Sie dies aber nicht nutzen möchten.

Standard: *Ein*

Empfehlung: *Aus*

Apps für das Lesen oder Senden von Nachrichten auswählen

Einstellungen: *Datenschutz/ Messaging*

Diese Liste umfasst alle installierten Apps, die SMS- oder MMS-Nachrichten lesen oder schreiben möchten. Es empfiehlt sich dringend, hier alle Apps auszuschalten, mit denen Sie nicht SMS oder MMS lesen und schreiben möchten.

Standard: **Ein**

Empfehlung: nur bei gewünschten Apps *Ein*

Apps den Zugriff auf meine Benachrichtigungen erlauben

Einstellungen: *Datenschutz/ Benachrichtigungen*

Benachrichtigungen, die Windows im Infocenter anzeigt, können auch von Apps mitgelesen werden, die so auf bestimmte Nachrichten reagieren können. Beispielsweise könnte eine App bei einem Hinweis auf Speicherknappheit automatische Laufwerke bereinigen. Andererseits eröffnet das die Möglichkeit, Informationen „mitzuschneiden". Deshalb bietet es sich an, diese Funktion zu deaktivieren oder auf Apps zu begrenzen, die Sie ausdrücklich zulassen möchten.

Standard: **Ein**

Empfehlung: **Aus**

Apps mit Zugriff auf Ihre Benachrichtigungen auswählen

Einstellungen: *Datenschutz/ Benachrichtigungen*

Diese Liste umfasst alle installierten Apps, die Benachrichtigungen mitlesen möchten. Es empfiehlt sich dringend, hier alle Apps auszuschalten, bei denen Sie dafür keinen sinnvollen Grund erkennen.

Standard: *Ein*

Empfehlung: nur bei gewünschten Apps Ein

Systemdiagnose und Benutzerfeedback begrenzen

Microsoft möchte am liebsten möglichst viel über seine Nutzer und das, was sie tun, wissen. Teilweise werden diese Informationen in Form von Feedback direkt nachgefragt, was weniger schädlich als nervig ist. Schließlich kann man dabei genau kontrollieren, was man antwortet. Der weitaus größte Teil fließt aber unmerklich und vollautomatisch durch Diagnosefunktionen ab. In der Rubrik *Feedback und Diagnose* kann man sich diesem Datenstrom zum größten Teil entgegen stemmen.

Systemdiagnose und Benutzerfeedback begrenzen

Mein Feedback soll von Windows angefordert werden

Einstellungen: *Datenschutz/ Feedback und Diagnose*

Gerne fragt Windows den Anwender nach seiner Meinung zu bestimmten Aspekten wie beispielsweise neuen Funktionen oder dem Auftreten bestimmter Probleme. Die Antworten werden selbstverständlich an Microsoft übermittelt und ausgewertet. Allerdings kann man solche Fragen einfach ignorieren. Dann ist es aber sinnvoller, sie von vorneherein ganz zu unterbinden, in dem man hier die Einstellung *Nie* wählt.

Standard: **Automatisch**

Empfehlung: **Nie**

Diagnose und Nutzungsdaten

Einstellungen: *Datenschutz/ Feedback und Diagnose*

Windows erfasst ständig Daten über sich selbst und seine Tätigkeit, etwa welche Hardware im PC verbaut ist, welche Treiberversionen installiert sind, welche Programm wann und wie oft ausgeführt werden usw. Diese Daten werden regelmäßig an Microsoft übermittelt und dort statistisch ausgewertet. Das ist aus Sicht der Windows-Entwickler absolut sinnvoll, da sie so erfahren, was ihre Kunden eigentlich mehrheitlich mit Windows machen, welche Anwendungen wie häufig eingesetzt werden, welche Hardware verwendet wird, wo gehäuft Probleme auftauchen usw. Aus Sicht der Anwender sieht dies etwas anders aus, denn dass Microsoft genau erfasst, wer wann was mit seinem Windows-PC tut, hinterlässt ein ungutes Gefühl. Welche Daten diese Diagnose genau erfasst, lässt sich hier - in Grenzen – steuern. Hinweis: In den Insider-Vorabversionen unterscheiden sich die Bezeichnungen dieser Einstellungen teilweise.

> *Einfach*
> Das ist die Minimaleinstellungen, denn ganz deaktivieren lassen sich die Diagnosefunktionen nicht (Ausnahme siehe Hinweiskasten). Mit dieser Einstellung überwacht Windows sich selbst, installierte Programme und Hardwaretreiber, um ggf. aktualisierte Versionen von Systemkomponenten und Treibern zu installieren. Ohne diese Einstellung würde also Windows-Update nicht funktionieren. Außerdem werden Fehlfunktionen bei Windows sowie Abstürze bei Anwendungen grundlegend an Microsoft übermittelt, allerdings ohne spezifische Detailinformationen. Zusätzlich werden die Eckdaten der Hardwareausstattung wie etwa Prozessortyp, Speichergröße, Bildschirm- und Kameraauflösung oder ggf. die Akkukapazität weitergegeben. Diese Daten dienen also ausschließlich dem statistischen Erfassen von Problemen. Bei Geräten mit Mobilfunkmodul wird allerdings auch die IMEI übermittelt.

> *Verbessert*
> Hiermit wird zusätzlich erfasst, was Sie mit Ihrem Windows anstellen, also welche Funk-

tionen bzw. Anwendungen Sie wie häufig und wie lange verwenden. Außerdem werden Systemereignisse wie fehlgeschlagene Updates oder Treiberaktualisierungen gemeldet. Bei Fehlfunktionen (beispielsweise Programmabstürzen) werden Problemberichte erstellt, die in Einzelfällen auch Speicherinhalte zum Zeitpunkt des Absturzes umfassen können. Solche Speicher-Snapshots können konkrete persönliche Informationen wie etwa den Inhalt eines gerade bearbeiteten Dokuments oder im Webbrowser eingetippte Zugangsdaten enthalten.

> *Vollständig*
> Hier kommt zu den übermittelten Daten noch hinzu, dass in Einzelfällen Microsoft-Mitarbeiter ohne Wissen und ausdrückliche Zustimmung (die ist mit dieser Option erteilt) eine Remote-Verbindung zum Rechner aufbauen dürfen. Dort können sie verschiedene Diagnosewerkzeuge nutzen, um ein bestimmtes, aufgetretenes Problem genauer zu analysieren. Auch Einblicke in die Registry sowie in Dateien, die im Umfeld eines Problems verwendet wurden, sind möglich.

Standard: *Vollständig*

Empfehlung: *Einfach*

> ### Noch weniger Diagnosedaten senden
>
> Es besteht eine Möglichkeit, die Menge der übermittelten Diagnosedaten noch weiter bis auf praktisch null zu reduzieren. Dies gilt aber leider nur für die Editionen Enterprise und Education sowie die Windows 10-Varianten Mobile Enterprise, Server und IoT. Hier kann zusätzlich über eine Gruppenrichtlinie (*Computerkonfiguration / Administrative Vorlagen / Windows-Komponenten / Datensammlung und Vorabversionen / Telemetrie zulassen*) eine Stufe 0 gewählt werden. Diese Einstellung kann man auch in der Pro-Edition vornehmen, sie wird dort aber ignoriert. Das ist auch gut so, denn es werden dann nicht mal mehr Informationen über den Versionsstand von Systemkomponenten übermittelt, wodurch Windows-Update außer Kraft gesetzt wird und die Sicherheit des Systems gefährdet ist. Deshalb sollte diese Einstellung auch bei anderen Windows-Versionen nur vorgenommen werden, wenn die Update-Versorgung auf anderem Wege sichergestellt ist.

Cloudbasierter Schutz

Einstellungen: *Update und Sicherheit/ Windows Defender*

Ist diese Option eingeschaltet, übermittelt der Windows Defender automatisch Informationen über seine Tätigkeit an Microsoft. Dies umfasst in jedem Fall Angaben zu erkannter Malware, die für das statistische Auswerten und Erkennen von neuen Infektionswellen verwendet werden. Hierzu gehört auch, wenn Sie eine zunächst als Malware eingestufte Datei anschließend als zulässig bewerten. Solche Informationen werden auch mit anderen Benutzern geteilt. Umgekehrt profitieren Sie auch von den daraus gewonnenen Erkenntnissen in Form einer besseren Trefferquote bei der Erkennung von Malware. Ein unmittelbarer Nachteil entsteht Ihnen aus dem Deaktivieren dieser Funktion aber nicht.

Standard: *Ein*

Empfehlung: *Ein*

Automatische Übermittlung von Beispielen

Einstellungen: *Update und Sicherheit/ Windows Defender*

Hier wird gesteuert, ob der Defender bei erkannter Malware die fragliche Datei automatisch an Microsoft übermitteln darf. Dies ist insofern problematisch, als diese Datei auch andere, persönliche Inhalte haben kann. Außerdem ist nicht jede Datei, die der Defender als Malware erkennt, auch tatsächlich bösartig. Es empfiehlt sich deshalb, diese Option zu deaktivieren. Sie werden dann jeweils gefragt, wenn der Defender Daten übermitteln möchte und können ablehnen oder zustimmen.

Standard: *Ein*

Empfehlung: *Aus*

Datenschutzlücken in der Oberfläche schließen

Ja, es gibt auch Datenschutzlücken in der Windows-Oberfläche. Der Sperrbildschirm ist ein Zwitterwesen, das einerseits den PC vor unerwünschten Zugriffen schützen soll, andererseits dem Benutzer wichtige Informationen zukommen lassen möchte, ohne dass dieser jedes Mal das Gerät entsperren muss. Und dieser Spagat zwischen Schutz und Komfort kann schiefgehen. Denn was auf dem Sperrbildschirm angezeigt wird, ist unter Umständen eben nicht nur dem berechtigten Benutzer zugänglich.

Benachrichtigungen auf dem Sperrbildschirm anzeigen

Einstellungen: *System/ Benachrichtigungen und Aktionen*

Diese Einstellung ist insofern problematisch, als der Sperrbildschirm von jedem angezeigt werden kann. Wenn Sie Ihren PC gesperrt eingeschaltet lassen und er währenddessen neue Nachrichten empfängt, werden Benachrichtigungen auf dem Sperrbildschirm angezeigt. Jeder der physischen Zugang zu Ihrem PC hat, kann diese einsehen und somit beispielsweise den Betreff einer eingegangenen E-Mail oder SMS oder auch die Beschreibung eines anstehenden Termins lesen. Wenn Sie dies vermeiden möchten, sollten Sie diese Einstellung deaktivieren.

Standard: *Ein*

Empfehlung: *Aus*

Weckzeiten, Erinnerungen und eingehende VOIP-Anrufe auf dem Sperrbildschirm anzeigen

Einstellungen: *System/ Benachrichtigungen und Aktionen*

Genau wie bei der vorangehend beschriebenen Einstellung kann das dazu führen, dass Ihr gesperrter PC Informationen anzeigt, die von anderen Personen in Ihrer Abwesenheit gelesen werden können. Diese können so erfahren, was für Termine Sie haben oder von wem Sie in Abwesenheit Anrufe erhalten. Wenn Sie dies vermeiden möchten, sollten Sie diese Einstellung deaktivieren.

Standard: *Ein*

Empfehlung: *Aus*

App zum Anzeigen ausführlicher Statusinfos auswählen

Einstellungen: *Personalisierung/ Sperrbildschirm*

Mit dieser Einstellung bestimmen Sie eine App, die auf dem Sperrbildschirm nicht nur ein Symbol, sondern ausführlichere Informationen anzeigen darf. Ist dies beispielsweise Ihr Kalender oder Facebook, kann es dazu führen, dass auf dem Sperrbildschirm zumindest in Kurzform persönliche Informationen angezeigt werden. Diese kann jeder einsehen, der physikalischen Zugang zum Rechner hat. Selbst wenn der Bildschirm abgeschaltet ist, lässt er sich ja meist mit einem einfachen Tastendruck zum Leben erwecken. Zugang zum Rechner erlangt man dadurch nicht, aber der Sperrbildschirm - und mit ihm die Informationen dieser App - werden angezeigt. Wenn Sie diesbezüglich Bedenken haben, sollten Sie hier also *Kein* oder alternativ eine App wie *Wetter* wählen, deren Anzeige datenschutzmäßig unproblematisch ist.

Standard: **Kalender**

Empfehlung: **Kein**

Datenschutz bei WLAN-Verbindungen

Bei den WLAN-Verbindungen hat Microsoft für Windows 10 eigentlich eine gute Idee gehabt, für die man aber viel Kritik einstecken musste: Anstatt

WLAN-Kennwörter rumzuschicken oder auf Zettel zu schreiben, kann man Freunden über soziale Netzwerke Zugang zum eigenen WLAN verschaffen, ganz ohne mühseliges Abtippen. Leider wurde diese Idee von vielen Kritikern missverstanden, denn sie bedeutet keinesfalls, dass man automatisch alle eingerichteten WLAN-Zugangsdaten mit allen Onlinefreunden teilt. Trotzdem hat sich Microsoft in der aktuellen Windows-Version der Kritik gebeugt und diese Funktion wieder entfernt. Es sind aber noch WLAN-Einstellungen verblieben, die man in Bezug auf Datenschutz und Sicherheit gründlich prüfen sollte.

Verbindung mit vorgeschlagenen öffentlichen Hotspots herstellen

Einstellungen: *Netzwerk und Internet/ WLAN*

Windows kann Sie automatisch mit öffentlichen WLAN-Hotspots ohne Kennwortzwang verbinden. Dazu wird die Standortinformation Ihres PCs ausgewertet und mit den Daten erfasster offener WLANs abgeglichen. Befindet sich ein offenes Drahtlosnetzwerk in Reichweite, werden Sie automatisch damit verbunden. Solche offenen Netze sollten grundsätzlich mit Vorsicht und den richtigen Einstellungen genutzt werden, da sie eben auch für alle anderen offen sind. Keinesfalls sollte man die Ressourcen seines PCs mit einem solchen Netzwerk teilen. Und auch beim Internetzugang ist zu bedenken, dass alles was Sie in einem solchen Netzwerk unverschlüsselt übertragen, von jedem anderen Teilnehmer des Netzwerks „abgehört" werden kann. Achten Sie also darauf, für sensible Information wie Zugangsdaten nur sichere Verbindungen zu verwenden.

Vor allem aber ist diese Funktion keine Einbahnstraße. Microsoft verklausuliert es in der Beschreibung etwas, aber wer von offenen Netzen profitieren will, wird dabei gleichzeitig zum Datenlieferanten. Wenn Sie mit Ihrem Gerät ein offenes WLAN nutzen, wird diese Information an Microsoft übertragen, damit dieses WLAN ggf. in die Datenbank aufgenommen und anderen Benutzern empfohlen werden kann

Standard: *Ein*

Empfehlung: *Aus*

Das eigene offene Netzwerk nicht durch Microsoft verbreiten lassen

Wie beschrieben, funktioniert die Vermittlung von offenen Netzwerken in beiden Richtungen: Nutzer werden auf offene Netzwerke in der Umgebung aufmerksam gemacht, gleichzeitig versorgen sie Microsoft mit Informationen über ebensolche Netzwerke. Wer privat oder in seinem Unternehmen ein offenes WLAN betreibt, der möchte auf solche „Werbung" aber vielleicht lieber verzichten.

Microsoft empfiehlt eine Möglichkeit, sein offenes Netz vor der automatischen Erfassung durch diesen

Mechanismus zu schützen. Dazu soll man den Namen (also die SSID) des Netzwerks mit den Zusatz „_optout" versehen. Der kann an beliebiger Stelle des Namens stehen, also beispielsweise „WLAN_Bar_optout" oder „Bar_optout_WLAN". Ob man sich den Namen seines Netzwerks von Microsoft auf diese Weise vorschreiben lassen will, muss jeder selbst wissen.

Datenschutzoptionen im Edge-Browser

Eine wichtige Rolle für den Datenschutz spielt auch der mit Windows 10 ausgelieferte Edge-Webbrowser. Er verwendet eine ganze Reihe von Funktionen, die für mehr Komfort sorgen, zu diesem Zweck allerdings insbesondere die von Ihnen besuchten Webadressen an Microsoft übermitteln. Dieses Verhalten kann man in den Einstellungen von Edge beeinflussen. Klicken Sie hierzu auf das Menü-Symbol oben rechts, wählen Sie im Menü den Eintrag *Einstellungen* und klicken Sie dort wiederum auf die Schaltfläche *Erweiterte Einstellungen*. Im so geöffneten Untermenü finden Sie alle relevanten Optionen im Bereich *Datenschutz und Dienste*.

Hinweis: Die hier beschriebenen Einstellungen beziehen sich ausschließlich auf den Edge-Browser von Microsoft. Wenn Sie einen anderen Webbrowser verwenden, haben diese Optionen darauf keine Wirkung. Andere Webbrowser verwenden teilweise ähnliche

Funktionen. Chrome etwa übermittelt Informationen an Google, sofern man dies nicht ausdrücklich unterbindet. Firefox ist von Hause aus recht schweigsam, aber selbst hier gibt es Funktionen wie etwa Suchvorschläge bei der Eingabe im Suchfeld, für die Ihre Eingaben an die eingestellte Suchmaschine übermittelt werden.

Speichern von Kennwörtern anbieten

Edge-Browser: *Einstellungen/ Erweiterte Einstellungen/ Datenschutz und Dienste*

Das Speichern von Kennwörtern ist eine Komfortfunktion und als solche nicht ganz unproblematisch. Wenn jemand anderes Zugang zu Ihrem PC und Ihrer Windows-Anmeldung erlangt, kann er sich so in Ihrem Namen bei Webangeboten anmelden. Wenn Sie ein Microsoft-Konto verwenden und das Synchronisieren von Kennwörtern nicht deaktiviert haben, werden Ihre Kennwörter außerdem an Microsoft-Server übermittelt. Wichtig: Wenn Sie das Speichern von Kennwörtern deaktivieren, werden die bislang gemerkten Passwörter nicht automatisch gelöscht. Das müssen Sie manuell erledigte, indem Sie auf *Meine gespeicherten Kennwörter klicken* und in der so geöffneten Liste alle Einträge entfernen.

Standard: ***Ein***

Empfehlung: ***Aus***

Formulareinträge speichern

Edge-Browser: *Einstellungen/ Erweiterte Einstellungen/ Datenschutz und Dienste*

Mit den Formulareinträgen auf Webseiten verhält es sich ganz ähnlich wie mit den Kennwörtern. Edge kann diese speichern, damit Sie beispielsweise Ihre Adresse nicht immer wieder vollständig einzutragen brauchen. Auch hier erkauft man sich Komfort mit etwas mehr Risiko und dem Problem, dass diese Daten bei einem Microsoft-Konto in die Cloud synchronisiert werden.

Standard: *Ein*

Empfehlung: *Aus*

„Do Not Track"-Anforderungen (nicht nachverfolgen) senden

Edge-Browser: *Einstellungen/ Erweiterte Einstellungen/ Datenschutz und Dienste*

Mit „Do not track" signalisiert Ihr Webbrowser den Betreibern von Websites, dass Sie nicht mittels Cookies und anderen ID-Tricks identifiziert und nachverfolgt werden möchten. Ob sich die Betreiber daran halten oder diese Vorgabe einfach ignorieren, bleibt aber denen überlassen, denn das Prinzip basiert auf Freiwilligkeit. In jedem Fall kann es nicht schaden, diese Option aktiviert zu lassen.

Standard: *Ein*

Empfehlung: *Ein*

Cortana soll mich bei Microsoft Edge unterstützen

Edge-Browser: *Einstellungen/ Erweiterte Einstellungen/ Datenschutz und Dienste*

Ist diese Option aktiv, werden Ihre Surfaktivitäten an Microsoft übermittelt und ausgewertet, um die digitale Sprachassistentin Cortana besser auf Ihre Interessen abzustimmen. Cortana ist ein Thema für sich, dem in diesem Ratgeber deshalb auch ein eigener Abschnitt gewidmet ist. Wer diesen Ratgeber liest, wertet seine Privatsphäre sicherlich höher als die bislang noch eher eingeschränkten Assistenzfunktionen von Cortana und sollte diese Option deshalb ausschalten.

Standard: *Ein*

Empfehlung: *Aus*

In Adressleiste suchen mit

Edge-Browser: *Einstellungen/ Erweiterte Einstellungen/ Datenschutz und Dienste*

Standardmäßig verwendet Edge die Microsoft-Suchmaschine Bing, lässt sich aber auf Google oder einen beliebigen anderen Suchdienst umstellen. Wann immer Sie etwas im kombinierten Adress- und Suchfeld des Browser eingeben, was keine eindeutige Webadresse ist, leitet der Browser das als Suchanfrage an die entsprechende Suchmaschine weiter. Das gilt sogar im Fall von simplen Tippfehlern. Völlig abschalten, lässt sich das nicht, aber Sie können hier einen Suchdienst Ihrer Wahl eintragen, dem Sie vielleicht mehr Vertrauen entgegenbringen. Öffne Sie dazu die Suchseite dieses Anbieters, und wählen Sie dann hier in der Liste *Neu hinzufügen*.

Standard: ***Bing***

Empfehlung: eine Suchmaschine Ihrer Wahl

Such- und Websitevorschläge bei der Eingabe anzeigen

Edge-Browser: *Einstellungen/ Erweiterte Einstellungen/ Datenschutz und Dienste*

Dass beim Eintippen einer Webadresse oder eines Suchbegriffs direkt Vorschläge für das automatische Ergänzen der bisherigen Eingabe gemacht werden, ist an sich ganz praktisch. Oft spart das viel Tipparbeit und manchmal ergibt sich die Antwort auf eine Frage schon alleine aus diesen Suchvorschlägen, so dass man die eigentliche Suche gar nicht mehr durchzuführen braucht. Aber diese Vorschläge kommen von der eingestellten Suchmaschine (siehe oben) und bedeuten, dass jeder Ihrer Eingaben im Adress- und Suchfeld umgehend an eben diese übermittelt wird.

Ich persönlich möchte trotzdem nicht darauf verzichten, aber wer es mit Datenschutz absolut ernst meint, sollte das wohl tun.

Standard: *Ein*

Empfehlung: *Aus*

Cookies

Edge-Browser: *Einstellungen/ Erweiterte Einstellungen/ Datenschutz und Dienste*

Cookies sind kleine Datenspuren, die Websites in winzigen Dateien auf Ihrem PC hinterlassen können. Anhand deren können Sie bei zukünftigen Besuchen gleich wiedererkannt werden. Das klingt nach völliger Überwachung, hat aber auch angenehme Nebeneffekte, etwa dass Sie beim Besuch von Onlineforen automatisch wiedererkannt werden, ohne jedes Mal Benutzername und Kennwort eintippen zu müssen. Wer darauf verzichten kann, sollte allerdings *Alle Cookies blockieren* wählen. Die Einstellung *Nur Cookies von Drittanbietern blockieren* ist ein Kompromiss, beim dem Cookies von der eigentlich besuchten Seite zugelassen werden, solche die etwa durch eingebettet Werbung verursacht werden, aber blockiert bleiben.

Standard: ***Keine Cookies blockieren***

Empfehlung: ***Alle Cookies blockieren***

Websites das Speichern geschützter Medienlizenzen auf meinem Gerät erlauben

Edge-Browser: *Einstellungen/ Erweiterte Einstellungen/ Datenschutz und Dienste*

Wenn Sie im Webbrowser Musik oder Videofilme zum Streamen käuflich erwerben, kann diese Information in Form einer Lizenzdatei auf Ihrem PC gespeichert werden. Dadurch können Sie die einmal gekauften Inhalte auch später jederzeit wieder abrufen. Problematisch ist, dass damit auch das Platzieren einer eindeutigen ID auf Ihrem Rechner einhergeht, mit der Sie vom selben Anbieter oder dessen Netzwerk jederzeit wieder erkannt werden können. Wenn Sie diese Option deaktivieren, können Sie also auf diese Weise keine Käufe mehr tätigen und auch bereits auf diese Weise gekaufte Streaming-Inhalte nicht mehr nutzen. Andererseits: Wenn Sie ohnehin keine Streamingkäufe im Webbrowser tätigen, sollten Sie die Option in jedem Fall deaktivieren.

Standard: *Ein*

Empfehlung: *Aus*

Seitenvorhersage verwenden, um den Browser zu beschleunigen sowie das Lesen und die gesamte Nutzung zu verbessern

Edge-Browser: *Einstellungen/ Erweiterte Einstellungen/ Datenschutz und Dienste*

Mit der Seitenvorhersage versucht der Browser zu ahnen, welche Webseiten Sie als nächste aufrufen. Die lädt er im Hintergrund, so dass sie sofort angezeigt werden können, wenn Sie sie denn tatsächlich abrufen. Das Problem ist, dass die Analyse nicht lokal erfolgt, sondern die aktuelle Webseite an Microsoft übermittelt wird. Dort wird sie analysiert und dem Browser dann zurückübermittelt, welche Seiten er im Hintergrund laden soll.

Standard: *Ein*

Empfehlung: *Aus*

Mich mit SmartScreen-Filter vor schädlichen Websites und Downloads schützen

Edge-Browser: *Einstellungen/ Erweiterte Einstellungen/ Datenschutz und Dienste*

Der SmartScreen-Filter warnt Sie, wenn Sie Webseiten aufrufen, die dafür bekannt sind, schädliche Inhalte bis hin zu Malware zu verbreiten. Dafür wird aber jeder Ihrer Seitenaufrufe an Microsoft übermittelt, da der SmartScreen-Filter nicht lokal im Browser tätig ist, sondern ein Cloud-Dienst. Wer dessen Schutz in Anspruch nehmen möchte, muss also mit seinen Daten bezahlen. Trotzdem halte ich diese Funktion insbesondere bei weniger versierten Internetnutzern für einen hilfreichen Schutz, der diesen Preis wert ist und würde eher dazu raten, sie eingeschaltet zu lassen.

Standard: *Ein*

Empfehlung: *Ein*

Mit Edge ganz vertraulich und sicher surfen

Beim Versuch, einen Kompromiss zwischen Datenschutz und Komfort beim Surfen zu finden, kann das InPrivate-Surfen des Edge-Browser eine Hilfe sein. In diesem Modus verzichtet der Browser auf das Speichern aller Arten von Daten, mit denen Ihre Aktivitäten verfolgt werden können. Selbst Cookies werden nur für diese eine Surfsitzung aufbewahrt (um z. B. Onlineshopping zu ermöglichen) und anschließend sofort wieder gelöscht. Der InPrivate-Modus eignet sich deshalb hervorragend, wenn Sie z. B. vorübergehend besonders großen Wert auf Privatsphäre legen oder auch an einem fremden PC surfen wollen.

1. Um den InPrivate-Modus zu nutzen, öffnen Sie mit dem Menü-Symbol in der Symbolleiste des

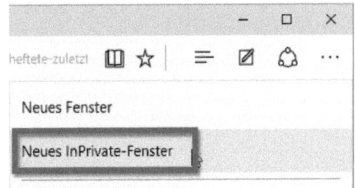

Browsers das Menü und wählen dort ganz oben *Neues InPrivate-Fenster*.

2. Der Edge-Browser öffnet dann ein neues Fenster mit dem Schriftzug *InPrivate-Browsen*. Darunter finden Sie noch mal einige Hinweise zu diesem Modus.

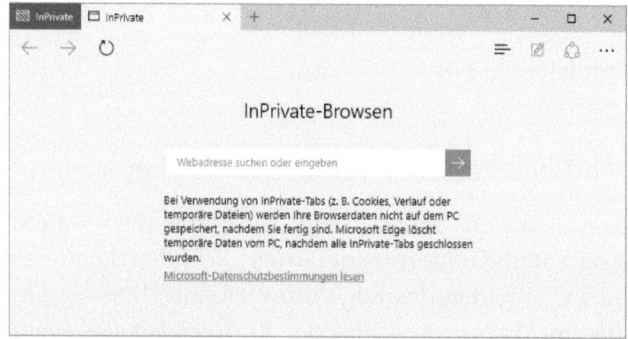

3. Wichtig ist dabei vor allem auch die Titelleiste des Browserfensters. Sie ist nun mit dem unübersehbaren Hinweis InPrivate versehen. Solange diese Markierung sichtbar ist, surfen Sie weiterhin im Datenschutz-Modus.

4. Sie können nun wie gewohnt surfen, shoppen und sonstigen Onlineaktivitäten nachgehen.

5. Um den InPrivate-Modus wieder zu beenden, schließen Sie einfach dieses Browserfenster.

Sie können herkömmliche Browserfenster und ein InPrivate-Fenster beliebig parallel nutzen. Der Edge-Browser kann beides sauber trennen und surft in der InPrivate-Sitzung trotzdem mit vollem Datenschutz. Nur Sie selbst sollten darauf achten, in welchem der Fenster Sie gegebenenfalls vertrauliche Daten eingeben.

Datenschützers Alptraum: Cortana

Schon länger geheimnisvoll angekündigt, erblickt gemeinsam mit Windows 10 die Sprachassistentin Cortana das Licht der IT-Welt. Das Prinzip ist von der Google-Sprachsuche oder der iPhone-Assistentin Siri vielleicht schon bekannt. Cortana wird nicht umständlich über Menüs und Optionen bedient, sondern kann menschliche Sprache interpretieren und verstehen. Man kann also Anweisung einfach aussprechen, anstatt die entsprechenden Aktionen selbst umständlich ausführen zu müssen.

Aus Datenschutzsicht ist Cortana wohl ganz treffend als Datenkrake zu betrachten. In dem Bemühen, möglichst viel über den Benutzer zu lernen und so immer möglichst individuell und passend auf seine Eingaben zu reagieren, zapft Microsoft jede halbwegs sinnvolle Datenquelle an. Selbst Dinge, die mit Cortana unmittelbar nichts zu tun haben, werden ausgewertet, etwa die Adresse und Sucheingaben im Browser (siehe Edge-Einstellungen). Außerdem ist Vorbedingung für die Nutzung von Cortana die Windows-Anmeldung mit einem Microsoft-Konto.

Wenn Sie Ihre Daten schützen möchten und Cortana bislang nicht benutzen, belassen Sie es am besten dabei. Sollten Sie Cortana aber schon aktiviert haben, sind mehrere Schritte nötig, um sie zu deaktivieren und die bereits erhobenen Daten über Sie aus der Cloud zu entfernen.

Ihre Cortana-Daten aus der Cloud löschen

Durch das Deaktivieren von Cortana werden keine neuen Daten mehr erhoben. Die bereits in die Cloud übermittelten Erkenntnisse bleiben aber vorhanden. Falls man Cortana doch wieder aktivieren würde, könnte man dadurch an der alten Stelle weitermachen, ohne dass die Assistentin sich erst wieder mühsam einstellen muss. Will man dauerhaft auf Cortana verzichten, sollte man diese Daten konsequenterweise aus der Cloud entfernen:

1. Klicken Sie hierzu in den Cortana-Einstellungen auf den Link *Alles, was Cortana über mich weiß, in der Cloud ändern*.

   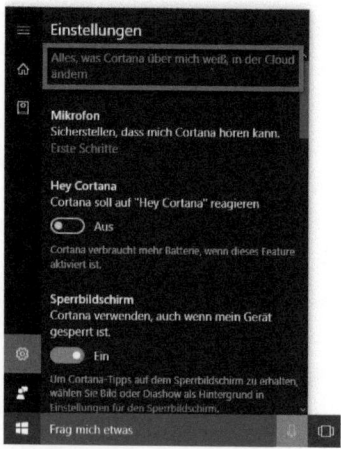

2. Im Fenster werden dann die verschiedenen Kategorien angezeigt, in denen Cortana Daten beschafft

hat. Hier können Sie sich zum einen den Überblick verschaffen, welche Daten eigentlich vorhanden sind.

3. Ganz unten finden Sie die *Löschen-*Schaltfläche, mit der Sie die gespeicherten Daten entfernen können.

Cortana deaktivieren

Damit Cortana keinen Daten mehr sammelt, können Sie die Assistentin ganz deaktivieren. Die klassische Windows-Suche in der Taskleiste funktioniert trotzdem uneingeschränkt weiter. Den simplen Cortana-Schalter hat Microsoft mit dem Anniversary-Update leider entfernt. So bleiben zum Deaktivieren nur etwas komplexere Eingriffe per Gruppenrichtlinie oder Registry. Folgende Variante funktioniert bei allen Windows-Editionen:

Datenschutz-Einstellungen in Windows 10

1. Öffnen Sie mit dem Tastenkürzel **[Win]** + **[R]** den Ausführen-Dialog und führen Sie dort *regedit* aus, um den Registryeditor zu starten.

2. Um Cortana für alle Benutzer zu deaktivieren, öffnen Sie darin den Schlüssel *HKEY_LOCAL_MACHINE \SOFTWARE \Policies \Microsoft \Windows \Windows Search*.

3. Wenn noch nicht vorhanden, erstellen Sie hier in der rechten Hälfte mit *Neu/DWORD-Wert (32-Bit)* einen neuen Eintrag und geben Sie ihm die Bezeichnung *AllowCortana*.

4. Öffnen Sie diesen Eintrag dann per Doppelklick zum Bearbeiten und geben Sie ihm den Wert *0*. (Mit dem Wert *1* können Sie Cortana später ggf. wieder aktivieren.)

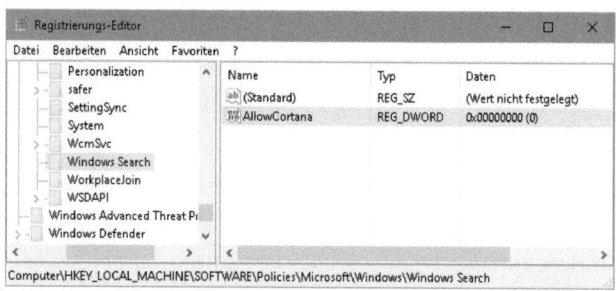

Anschließend müssen Sie sich einmal ab- und wieder anmelden bzw. den Rechner einmalig neu starten, damit die geänderte Einstellung in Kraft tritt.

Datenschutzeinstellungen per Programm steuern

Zum Abschluss und „Abrunden" dieses Ratgebers möchte ich Ihnen ein Programm vorstellen, mit dem Sie sich den Umgang mit den datenschutzrelevanten Funktionen von Windows erleichtern können. Es handelt sich dabei um das kostenlose **O&O Shutup10**. Dieses Programm kennt einen großen Teil dieser Optionen und erlaubt es, diese in einer einheitlichen, komfortablen Oberfläche einzustellen. Zusätzlich bietet das Programm kompakte Erläuterungen zu diesen Einstellungen an und bringt Empfehlungen mit, durch die Sie Windows 10 mit wenigen Mausklicks sinnvoll auf Verschwiegenheit trimmen können.

Tools für Datenschutzeinstellungen: Vor- und Nachteile

Auf den ersten Blick hört sich so ein Tool praktisch an und sicher ist es das auch, wenn man schnell Einstellungen erhalten möchte, die das Verhalten von Windows 10 einigermaßen datenschutz-kompatibel gestalten. Allerdings bedeutet ein solches Programm auch immer, dass man sich mit den Grenzen abfinden muss, die von den Entwicklern dieses Produkts aufgestellt wurden:

Datenschutzeinstellungen per Programm steuern

- Das Programm kennt zwar viele, aber eben nicht alle relevanten Einstellungen.

- Die Beschreibungen zu den einzelnen Einstellungen sind knapp gehalten. Sie sind nie völlig falsch, aber teilweise etwas zu verkürzt oder missverständlich. Man muss manchmal zwischen den Zeilen lesen bzw. benötigt Hintergrundwissen, um die Beschreibungen richtig einordnen zu können.

- Die vorgefertigten Empfehlungen sind pauschale Lösungen, die für eine Vielzahl von Anwendern „ganz OK" sind, aber für niemanden wirklich perfekt. Außerdem sind es subjektive Einschätzungen der Entwickler, denen so sicher nicht jeder zustimmen würde.

- Man muss sich darauf verlassen, dass das Programm seine Aufgabe kompetent und zuverlässig erfüllt.

Es spricht sicher nichts dagegen, ein solches Programm einzusetzen, sonst würde ich es an dieser Stelle auch nicht vorstellen. Aber ich halte es für sinnvoller, sich zuvor mit den vielen Einstellungen in Windows und deren Bedeutung und Auswirkungen vertraut zu machen. Dann können Sie informierte Entscheidungen im Sinne Ihrer individuellen Anforderungen treffen. Wenn Sie sich mit diesem Wissen die einheitliche, kompakte Oberfläche des Programms für einen schnellen Zugang zu vielen Funktionen zunutze machen, ist das keine schlechte Idee.

O&O ShutUp10 installieren

OOSU10.exe

Sie können das Programm unter www.oo-software.com/de/shutup10 herunterladen und uneingeschränkt kostenlos nutzen. Es wird als ZIP-Archiv angeboten. Dieses muss lediglich in ein Verzeichnis entpackt werden. Eine Installation im eigentlichen Sinne ist nicht notwendig. Um das Programm zu starten führen Sie einfach die Programmdatei aus dem entpackten Archiv aus.

Ohne Installation hinterlässt das Programm keine Spuren in der Windows-Registry oder den Systemdateien. Sie können es jederzeit wieder entfernen, in dem Sie den angelegten Ordner löschen. Die mittels des Programms beeinflussten Windows-Optionen werden durch das Löschen des Programms nicht verändert, bleiben also auf den zuletzt (ggf. durch das Programm) gewählten Einstellungen.

Wichtig: Systemwiederherstellungspunkt anlegen

Bevor Sie sich mit dem Programm ans Werk machen, Windows seine Geschwätzigkeit auszutreiben, ist es unbedingt sinnvoll, einen Systemwiederherstellungspunkt anzulegen. Sollten die mit Hilfe des Programms vorgenommenen Änderungen anschließend zu Fehlfunktionen führen oder andere negativen Auswir-

Datenschutzeinstellungen per Programm steuern

kungen haben, können Sie dadurch zuverlässig und unkompliziert rückgängig gemacht werden.

Das Programm bietet zwar lobenswerterweise selbst das Erstellen eines Wiederherstellungspunktes an, wenn Sie die erste Änderung vornehmen möchten. Allerdings bietet es keine Erfolgskontrolle dafür und meiner Erfahrung nach klappt das Erstellen auf diese Weise nicht zuverlässig. Deshalb sollten Sie dafür die Windows-eigene Funktion verwenden:

1. Öffnen Sie in der klassischen Systemsteuerung den Bereich *Wiederherstellung*.

2. Wählen Sie in der Liste der Wiederherstellungstools *Systemwiederherstellung konfigurieren*.

3. Klicken Sie anschließend unten rechts auf die Schaltfläche *Erstellen*. Sollte diese Schaltfläche inaktiv sein, müssen Sie zuvor den Computerschutz mit der Schaltfläche *Konfigurieren* einschalten.

4. Geben Sie dann eine Bezeichnung für den Wiederherstellungspunkt ein.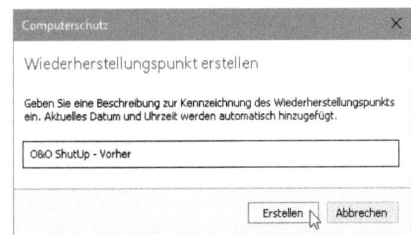
Diese kann beliebig gewählt werden. Am besten beschreiben Sie kurz den Anlass für das Anlegen der Sicherung.

5. Der Assistent sammelt dann die Daten für den Wiederherstellungspunkt ein und sichert ihn. Dies kann ein wenig dauern.

6. Hat alles geklappt und konnte der Wiederherstellungspunkt erfolgreich angelegt werden, erhalten Sie zum Abschluss eine Bestätigungsmeldung. Der Sicherungspunkt ist nun gespeichert und bleibt Ihnen vorläufig erhalten. Allerdings unterliegen auch manuell erstellte Wiederherstellungspunkte der Regel, dass sie gegebenenfalls automatisch gelöscht werden, um für neue – manuell oder automatisch erstellte – Wiederherstellungspunkte Platz zu machen.

Einzelne Einstellungen individuell vornehmen

Die Oberfläche des Programms besteht aus einer langen Liste von Einstellungen, die in verschiedene Be-

Datenschutzeinstellungen per Programm steuern

reiche unterteilt ist. Zu jedem Eintrag finden Sie am linken Rand ein Schaltersymbol. Ist der Schalter nach links gesetzt und das Symbol rot, ist diese Programmoption nicht deaktiviert. Schalten Sie eine Einstellung ein, wird der Schalter nach rechts gesetzt und das ganze Symbol grün. Mit der Interpretation dieses Verhaltens muss man etwas vorsichtig sein. Nehmen wir als Beispiel die Einstellung *Windows Defender deaktivieren*. Damit können Sie den Windows Defender abschalten. Ist diese Einstellung des Programms NICHT eingeschaltet, bedeutet das, das Programm hat den Windows Defender NICHT deaktiviert, er ist also aktiv. Um den Windows Defender zu deaktivieren, müssten Sie also diese Einstellung des Programms einschalten.

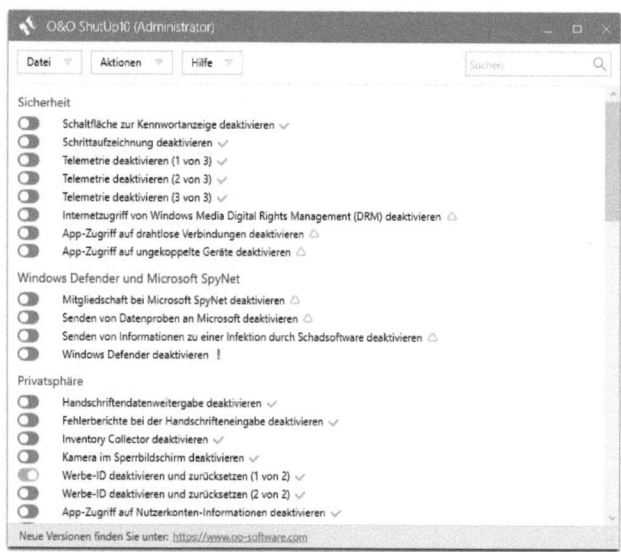

Windows automatisch auf optimalen Datenschutz trimmen

Nebenbei bemerkt: Den Windows Defender sollten Sie auf diese Weise keinesfalls deaktivieren. Er sollte nur abgeschaltet werden, wenn stattdessen ein anderes Antivirenprogramm installiert wurde. Dann deaktiviert Windows den Defender aber ohnehin automatisch. Das ist eines der Beispiele, bei denen O&O ShutUp10 etwas „streitbar" ist.

> **Sicherheit**
>
> ⚪ Schaltfläche zur Kennwortanzeige deaktivieren ✓
>
> Wenn Sie sich auf einer Website anmelden, können Sie mit einem Klick auf das Augen-Symbol für einige Sekunden das eingegebene Passwort anzeigen lassen, um dessen Richtigkeit zu prüfen. Dabei besteht aber die Gefahr, dass Ihnen jemand über die Schulter schaut und so Ihr Passwort ausspäht. Wollen Sie dieses Risiko nicht eingehen, dann deaktivieren Sie diese Funktion.

Wenn Sie sich über die Bedeutung einer Option im Unklaren sind, klicken Sie auf den Namen der Einstellung. Dadurch klappen Sie eine kurze Beschreibung dieser Einstellung aus. Ein erneuter Klick versteckt die Erklärung wieder.

Windows automatisch auf optimalen Datenschutz trimmen

Neben dem Zugriff auf die einzelnen Funktionen bietet das Programm so etwas wie vorgefertigte Profile. Damit können Sie mit einem Schlag alle Optionen nach einer bestimmten Vorgabe einstellen. O&O ShutUp10 kennt drei solcher Profile:

 Empfohlene Einstellungen
   Bei diesem Profil nimmt das Programm solche Einstellungen vor, welche die Entwickler uneingeschränkt emp-

fehlen, weil sie den Datenschutz erhöhen, aber keine Funktionen einschränken.

▶ *Alle empfohlenen und bedingt empfohlene Einstellungen*
Mit diesem Profil werden zusätzlich einige Einstellungen vorgenommen, die bestimmte Funktionen von Windows deaktivieren oder zumindest einschränken.

▶ *Alle Einstellungen*
Hiermit werden alle Einstellungen des Programms auf einen Schlag aktiviert. Dies wirkt sich auch auf sicherheitsrelevante Funktionen von Windows wie etwa Update, Defender und SmartScreen-Filter aus. Deshalb sollte dieses Profil sinnvollerweise auch nicht zum Einsatz kommen.

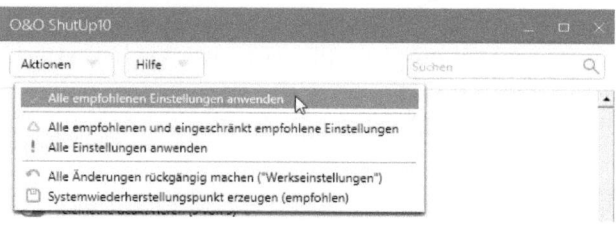

Wie sich die verschiedenen Profile konkret auswirken, können Sie in der Liste der Einstellungen ablesen. Hinter jeder Einstellung finden Sie ein Symbol für das Profil, mit dem diese Einstellung aktiviert werden würde. So können Sie sich einen Eindruck verschaffen, ob etwa die empfohlenen Einstellungen Ihren Anforderungen genügen. Um eines der Profile zu aktivieren, wählen Sie oben links *Aktionen* und dann den entsprechenden Menüpunkt. Das Programm führt dann alle zu diesem Programm gehörenden Einstellungen durch.

Es spricht übrigens nichts dagegen, zunächst eines der Profile für eine schnelle Basiseinstellung zu verwenden und anschließend die einzelnen Einstellungen nach Bedarf den eigenen Vorstellungen anzupassen.

Werksreset - Zurück auf Anfang

Sollten Sie in der Vielzahl der Einstellungen doch mal den Überblick verloren haben, gibt es einen praktischen „Werksreset". Dieser stellt alle Optionen, die das Programm berücksichtigen kann, auf den Zustand, in dem Sie mit Windows standardmäßig installiert werden. Die Vorgehensweise dabei ist genau dieselbe wie beim Einstellen mittels eines Profils. Wählen Sie oben links *Aktionen* und dann im Menü den Eintrag *Alle Änderungen rückgängig machen ("Werkseinstellungen")*.

Zum Schluss...

...möchte ich Ihnen für Ihre Aufmerksamkeit danken. Ich hoffe, dieser Ratgeber hat Ihnen viele Erkenntnisse zum Thema Datenschutz bei Windows 10 verschafft und Sie bei der praktischen Umsetzung hilfreich begleitet.

Wenn Sie Frage haben, Feedback loswerden oder Ihre eigenen Erfahrungen teilen möchten, besuchen Sie mich im Internet unter **gEdition.de**. Hier finden Sie auch weitere Informationen und Tipps zu diesem und anderen Themen meiner Bücher.

Eine Bitte in eigener Sache

Ich freue mich, wenn Sie Ihre positiven Eindrücke an andere interessierte Leser weitergeben, etwa durch persönliche Empfehlungen, eine Leserrezension auf einer der einschlägigen Plattformen oder auch durch Hinweise in Foren oder sozialen Netzwerken.

Dieser Titel ist ohne Marketing-Budget und Vertriebsstrukturen großer Verlage erschienen, denen das Thema nicht profitabel genug erschien. Deshalb ist Mund-zu-Mund-Propaganda besonders wichtig. Wenn Sie also der Meinung sind, dass dieses Buch auch für andere Leser interessant und hilfreich sein könnte, dann sagen Sie es bitte weiter.

Vielen Dank.

Stichwortverzeichnis

Adressleiste 60
Benachrichtigungen 52
Benutzerfeedback 47
Bing 60
Cloudbasierter Schutz 51
Cookies 62
Cortana 60, 67
Datenschutz 26
Defender 51
Diagnosedaten 47
Do not track 59
Edge-Webbrowser ... 57
Feedback 47
Formulareinträgen speichern 59
Geofence 33
Google 60
GPS-Empfänger 30
Gruppenrichtlinie 50
Handschrifterkennung 27
hotmail.com 9
ID 26
IMEI 48
InPrivate-Surfen 65
Insider-Programm ... 21
Installation 11

Kalender 42
Kamera 34
Kennwörter speichern 58
Kontakte 41
Kontoinformationen 39
live.com 9
lokales Konto 11
Medienlizenzen 63
Microsoft-Konto 9
in Apps 16
Mikrofon 36
MMS 45
Nachrichten 45
Near Field Communication .... *Siehe* NFC
NFC 37
Nutzungsdaten 47
O&O Shutup10 71
outlook.com 9
Position 30
Positionsverlauf 32
Remote-Verbindung 49
Roaming 10, 19
Schreibverhalten 27
Seitenvorhersage 64

SmartScreen 27, 64
SMS 45
Speichern von
 Kennwörtern 58
Speicher-Snapshots..49
Sperrbildschirm........52
Sprachliste.................28
Standardeinstellungen
79
Standort.....................30
Statusinfos.................54
Suchdienst.................60
Suchvorschläge.........61

Synchronisieren..10, 19
Termine 42
Tools 71
Werbungs-ID 26
Werksreset 79
Wiederherstellungspunkt 74
Windows Defender. 51
Windows Insider-Programm 21
WLAN-Verbindungen
 54

Der Windows 10 Pannenhelfer

Probleme erkennen – Lösungen finden – Fehler beheben

als eBook für 3,99 €
oder als Taschenbuch für 8,99 €

weitere Informationen unter **www.gEdition.de**